중국어가 필요한 관광 관련
종사자들의 든든한 활용서

관광중국어

观光汉语 Ⅰ

이현주·김숙향·최윤서 공저

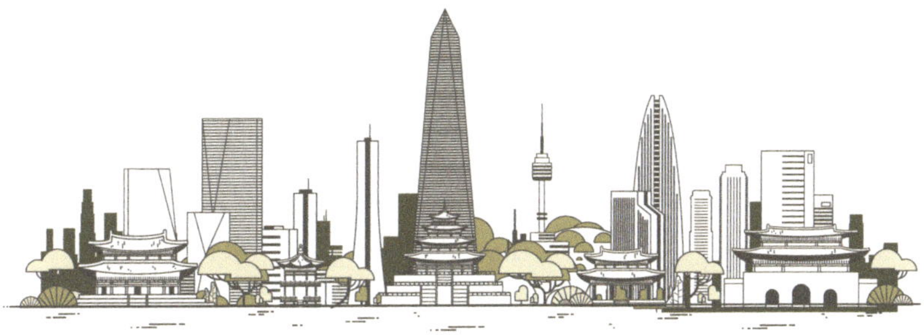

(주)백산출판사

머리말

『관광중국어 I』은 관광 관련 중국어회화를 학습하고 익힘으로써 중국인 관광객과의 기본적인 소통이 가능할 수 있도록 하는 기초적 회화 교육이 목표인 중국어 초급과정의 책입니다.

이 책은 기초적인 중국어회화 연습을 통해 관광과 관련된 중국어 통역 및 안내 업무를 원활히 수행하는 관광전문가로서의 자질을 찾아내고 활용할 수 있도록 하는 데 목적이 있습니다.

이에 따라 발음과 성조, 문법, 쓰기 등 중국어의 언어구조에 대한 기초지식을 이해하고, 관광객의 여정에 따라 인사하기, 날짜, 시간, 식사하기, 쇼핑하기, 주변 안내, 교통 이용, 관광지 소개, 문화체험에 관한 기본지식을 이해하도록 체계적으로 구성하였습니다.

관광에 필요한 최소한의 중국어 표현을 핵심만 골라 정리했으며, 핵심적인 패턴들과 기본적 표현을 함께 제시하고 있습니다. 핵심 패턴을 학습한 후 상황에 따라 간단한 회화로 표현할 수 있도록 도움을 주며 관광과 관련된 여러 정보와 내용을 소개함으로써 초급과정의 책이지만 중국어가 필요한 관광 관련 종사자들에게 든든한 활용서가 되어 줄 것입니다.

『관광중국어 I』은 중국인이 한국의 여러 지역을 관광하면서 경험할 수 있는 상황을 회화로 표현하였으며 중국어 표현뿐만 아니라 관광과 관련된 지식도 함께 쌓을 수 있는 교재입니다.

- GCD(Get up, Cheer up, Dream up) 교육 과정에 맞춰 한 학기에 한 권의 책을 마무리할 수 있는 분량과 난이도
- 중국인 관광객들의 실제 한국 관광 패턴이 반영된 주차별 구성
- 현장감 있는 회화 본문 제공
- 중국어 입문자에게 적합한 내용으로 구성

현장 경험과 교육 경험이 풍부한 저자들의 경험을 고스란히 담아 현장에서 바로 활용될 수 있는 관광실무 중국어회화로 구성!

전 구성에 걸쳐 관광현장에서 제공되는 서비스의 절차를 바탕으로 한 현장 맞춤형 중국어로 최적화하였습니다. 저자들은 다년간 관광 분야에서 학생들을 지도해 왔으며, 졸업생 대부분이 관광 분야에서 근무하며 이 책에 담긴 내용으로 현장에서 자신들의 역할을 성공적으로 수행하고 있습니다.

마지막으로 교육의 품질 향상에 바른 지침을 제시해 주시는 서재실 학장님과 본 책에 담아낼 관광 중국어 연구와 작업에 함께 해 주신 김숙향 교수님, 최윤서 교수님께 감사드립니다. 그리도 다방면으로 도움을 주신 모든 분들께 감사의 말씀을 드립니다. 본 책이 중국인 관광객 응대에 수월한 지침을 줄 수 있길 바라봅니다.

이현주

중국어 기초상식

中文基础常识

01

• 중국어에 대한 기초지식 학습
• 간체자, 성조

01 중국어 기초상식

'한어병음 汉语拼音 Hànyǔ pīnyīn', 중국어는 뜻을 표기하는 '표의문자'이므로, 한자를 읽기 위한 발음기호가 따로 필요하다. 현대 중국어에서 발음기호는 알파벳을 이용하여 표기하고 있으며, 이를 '한어병음'이라고 한다. 한어병음을 구성하고 있는 요소로는 성조, 성모, 운모가 있다.

1 명칭

중국어를 시작하기 전, 중국어와 관련된 각종 명칭을 알아보겠습니다.

1. 중국어의 명칭: '한어 汉语 Hànyǔ'

2. 표준어: 베이징을 중심으로 한 북방방언 '보통화 普通话 Pǔtōnghuà'

3. 글자: '간체자 简体字 Jiǎntǐzì', 우리가 쓰는 한자의 형태를 '번체자'라고 하며, 이를 간소화해 표기하는 한자를 '간체자'라고 한다. 우리가 배우는 중국어 표준어는 '간체자'를 쓰며, 광동어인 홍콩, 마카오 등 남방 지역에서는 여전히 '번체자'를 사용한다.

4. 발음: '한어병음 汉语拼音 Hànyǔ pīnyīn', 중국어는 뜻을 표기하는 '표의문자'이므로, 한자를 읽기 위한 발음기호가 따로 필요하다. 현대 중국어에서 발음기호는 알파벳을 이용하여 표기하고 있으며, 이를 '한어병음'이라고 한다. 한어병음을 구성하고 있는 요소로는 성조, 성모, 운모가 있다.

❷ 성조

각 한자는 모두 고유의 음의 높낮이가 있다. 이를 '성조'라고 하며, 아래와 같이 네 가지로 표기한다.

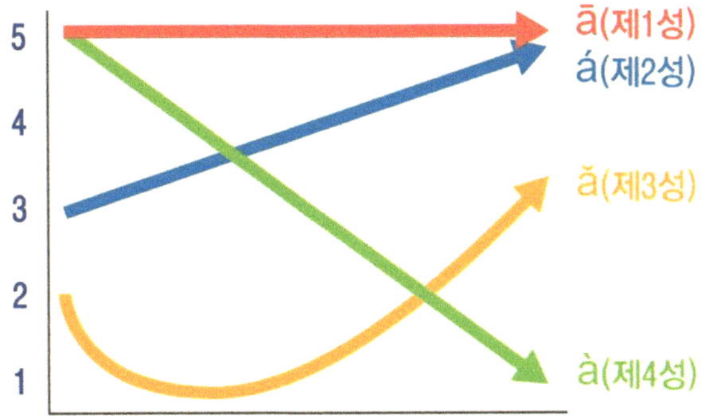

제1성 : 높고 길게 발음한다.

제2성 : 물어보듯이 끝을 올린다.

제3성 : 가장 낮은 음에서 살짝 꺾여 끝을 살짝 올린다.

제4성 : 가장 높은 음에서 가장 낮은 음까지 떨어진다.

※ 경성 : 성조 4개에는 포함되지 않으며, 음의 높낮이 없이 짧고 가볍게 발음하는 것으로 아무것도 표기하지 않는다.

③ 성모

한어병음의 첫머리에 나오는 자음을 '성모'라고 한다.

b	p	m	
			f
d	t	n	l
g	k	h	
j	q	x	
z	c	s	
zh	ch	sh	r

❹ 운모

한어병음에서 성모를 제외한 나머지를 '운모'라고 한다. 운모에는 모음뿐 아니라, 종성에 쓰이는 자음인 'n', 'ng' 두 개도 포함되어 있다. 그중 'n'은 성모와 운모에 모두 쓰인다.

a	e	o	i	u	ü	n	ng

❺ 한어병음 표기 주의점

1. 영성모 y, w

(1) y : 운모 'i' 앞에 성모가 없을 때, 성모 자리에 y를 써준다. 'yi'에 다른 모음이 이어 나올 때는 'y'만 쓰고 다른 모음을 이어 쓴다.

yi + a = ya

(2) w : 운모 'u' 앞에 성모가 없을 때, 성모 자리에 w를 써준다. 'wu'에 다른 모음이 이어 나올 때는 'w'만 쓰고 다른 모음을 이어 쓴다.

wu + a = wa

(3) yu : 운모 'ü' 앞에 성모가 없을 때, 'yu'로 표기한다. ü에 다른 모음이 이어 나올 때는 'yu'뒤에 이어 쓰면 된다.

ü + an = yuan

2. 'a'의 발음 변화

기본 발음은 '아'이지만, ian[이엔], üan[위엔]으로 발음한다.

ian [이엔] üan [위엔]

3. 'e'의 발음 변화

기본 발음 'e'가 다른 모음과 함께 쓰이면 우리말 '에'로 바뀐다.

ie [이에] ei [에이] üe [위에]

4. 'i'의 발음 변화

우리말 '이' 발음이 기본이며, 앞에 나오는 성모가 아래와 같을 때는 '으'로 발음한다.

zi	ci	si	zhi	chi	shi	ri

5. 'ü'의 표기

앞에 나오는 성모가 j, q, x일 때는 ü를 u로 표기하고 발음은 ü 그대로 한다. 영성모 y를 쓸 때도 u로 표기한다.

ju	qu	xu	yu

6. 성조 표기 위치

성조는 일반적으로 운모 위에, 운모가 두 개 이상일 경우 위 운모의 순서 즉, 입이 크게 벌어지는 순(a 〉e 〉o 〉i 〉u 〉ü)으로 표기한다. 단, 아래는 예외로 한다.

[주의] iu와 ui는 순서에 상관없이 뒤쪽에 표기한다.

liù	zuì

7. 不의 성조변화

不 bù 는 뒤에 4성의 발음이 나올 경우 bù를 2성으로 바꾸어 발음한다.

不是	bú shì

8. 一의 성조변화

(1) 一 yī 는 뒤에 1, 2, 3성의 발음이 나오면 yī를 4성으로 바꾸어 발음한다.

一杯	yì bēi	一直	yìzhí	一起	yìqǐ

(2) 一 yī 는 뒤에 4성 혹은 경성의 발음이 나오면 yī를 2성으로 바꾸어 발음한다.

一共	yígòng	一个	yí ge

9. 3성의 성조 변화

▶ 3성 뒤에 또 3성의 발음이 연달아 나올 경우, 앞의 3성은 2성으로 올려 발음하며, 표기는 원래 성조 그대로 한다.

예 3성 + 3성 → (발음 시) 2성 + 3성

nǐ hǎo → (발음 시) ní hǎo

▶ 3성 뒤에 3성이 아닌 나머지, 1, 2, 4, 경성의 발음이 나올 경우, 앞의 3성은 가장 낮은 음에서 꺾이지 않은 상태로 끝을 올리지 않게 반만 발음하여 반삼성이라고 한다.

예 3성 + 1, 2, 4, 경성 → (발음 시) 반3성 + 1, 2, 4, 경성

lǎoshī, Měiguó, hěn lèi, hǎo ma?

위 예시의 밑줄 부분은 모두 뒷 글자의 성조의 영향을 받아, 앞의 3성을 반3성으로 발음한다.

10. 표기상 숨겨진 발음

▶ iu로 표기된 한어병음은, 실제 발음 시 가운데 'o'를 넣어서 iou로 발음한다.

liu	jiu

▶ ui로 표기된 한어병음은, 실제 발음 시 가운데 'e'를 넣어서 uei로 발음한다.

dui	cui

▶ un으로 표기된 한어병음은, 실제 발음 시 u+en 두 발음을 연결한 듯 '우으언'으로 발음한다.

dun	lun

	a	o	e	-i	er	ai	ei	ao	ou	an	en	ang	eng	ong	i	ia	iao	ie	iou
b	ba	bo				bai	bei	bao		ban	ben	bang	beng		bi		biao	bie	
p	pa	po				pai	pei	pao	pou	pan	pen	pang	peng		pi		piao	pie	
m	ma	mo	me			mai	mei	mao	mou	man	men	mang	meng		mi		miao	mie	miu
f	fa	fo					fei		fou	fan	fen	fang	feng						
d	da		de			dai	dei	dao	dou	dan		dang	deng	dong	di		diao	die	diu
t	ta		te			tai		tao	tou	tan		tang	teng	tong	ti		tiao	tie	
n	na		ne			nai	nei	nao		nan	nen	nang	neng	nong	ni		niao	nie	niu
l	la		le			lai	lei	lao	lou	lan		lang	leng	long	li	lia	liao	lie	liu
g	ga		ge			gai	gei	gao	gou	gan	gen	gang	geng	gong					
k	ka		ke			kai		kao	kou	kan	ken	kang	keng	kong					
h	ha		he			hai	hei	hao	hou	han	hen	hang	heng	hong					
j															ji	jia	jiao	jie	jiu
q															qi	qia	qiao	qie	qiu
x															xi	xia	xiao	xie	xiu
zh	zha		zhe	zhi		zhai	zhei	zhao	zhou	zhan	zhen	zhang	zheng	zhong					
ch	cha		che	chi		chai		chao	chou	chan	chen	chang	cheng	chong					
sh	sha		she	shi		shai	shei	shao	shou	shan	shen	shang	sheng						
r	ra		re	ri				rao	rou	ran	ren	rang	reng	rong					
z	za		ze	zi		zai	zei	zao	zou	zan	zen	zang	zeng	zong					
c	ca		ce	ci		cai		cao	cou	can	cen	cang	ceng	cong					
s	sa		se	si		sai		sao	sou	san	sen	sang	seng	song					
	a	o	e		er	ai	ei	ao	ou	an	en	ang	eng		yi	ya	yao	ye	you

	ian	in	iang	ing	iong	u	ua	uo	uai	uei	uan	uen	uang	ueng	ü	üe	üan	ün
b	bian	bin		bing		bu												
p	pian	pin		ping		pu												
m	mian	min		ming		mu												
f						fu												
d	dian			ding		du		duo		dui	duan	dun						
t	tian			ting		tu		tuo		tui	tuan	tun						
n	nian	nin	niang	ning		nu		nuo			nuan				nü	nüe		
l	lian	lin	liang	ling		lu		luo			luan	lun			lü	lüe		
g						gu	gua	guo	guai	gui	guan	gun	guang					
k						ku	kua	kuo	kuai	kui	kuan	kun	kuang					
h						hu	hua	huo	huai	hui	huan	hun	huang					
j	jian	jin	jiang	jing	jiong										ju	jue	juan	jun
q	qian	qin	qiang	qing	qiong										qu	que	quan	qun
x	xian	xin	xiang	xing	xiong										xu	xue	xuan	xun
zh						zhu	zhua	zhuo	zhuai	zhui	zhuan	zhun	zhuang					
ch						chu		chuo	chuai	chui	chuan	chun	chuang					
sh						shu	shua	shuo	shuai	shui	shuan	shun	shuang					
r						ru		ruo		rui	ruan	run						
z						zu		zuo		zui	zuan	zun						
c						cu		cuo		cui	cuan	cun						
s						su		suo		sui	suan	sun						
	yan	yin	yang	ying	yong	wu	wa	wo	wai	wei	wan	wen	wang	weng	yu	yue	yuan	yun

인사하기

你好!

Nǐ hǎo!

안녕하세요!

02

- 안녕하세요
- 이름

02 你好! Nǐ hǎo! 안녕하세요!

1 새단어 生词

1. 你/你们 nǐ / nǐmen 너/너희들
2. 您 nín 당신(你의 존칭)
3. 好 hǎo 좋다
4. 我/我们 wǒ / wǒmen 나/우리
5. 他/他们 tā / tāmen 그/그들
6. 她/他们 tā / tāmen 그녀/그녀들
7. 老师 lǎoshī 선생님
8. 大家 dàjiā 여러분
9. 很 hěn 매우

10. 也　yě　~도 역시

11. 吗　ma　~입니까?

12. 呢　ne　~는요?

13. 贵　guì　귀하다

14. 姓　xìng　성, 성이 ~이다

15. 叫　jiào　부르다

16. 什么　shénme　무엇

17. 名字　míngzi　이름

18. 再见　zàijiàn　안녕히 가세요

② 회화 会话

Ⓐ 你好!

Nǐ hǎo!

Ⓑ 你好!

Nǐ hǎo!

Ⓐ 你好吗?

Nǐ hǎo ma?

Ⓑ 我很好，你呢?

Wǒ hěn hǎo, nǐ ne?

Ⓐ 我也很好。

Wǒ yě hěn hǎo.

Ⓐ 您贵姓?

Nín guì xìng?

Ⓑ 我姓崔。

Wǒ xìng Cuī.

Ⓐ 你叫什么名字?

Nǐ jiào shénme míngzi?

Ⓑ 我叫崔尹瑞。

Wǒ jiào Cuī Yǐnruì.

Ⓐ 再见!

Zàijiàn!

Ⓑ 再见!

Zàijiàn!

③ 통역 연습 翻译

Ⓐ 안녕하세요!

Ⓑ 안녕하세요!

Ⓐ 잘 지내요?

Ⓑ 전 잘 지내요. 당신은요?

Ⓐ 저도 잘 지내요.

Ⓐ 성이 무엇입니까?

B 제 성은 최입니다.

A 이름이 무엇입니까?

B 저는 최윤서라고 합니다.

A 안녕히 가세요!

B 안녕히 계세요!

4 중요한 표현 重点句型

您

중국어는 우리말에 있는 존경어가 없다. 다만, 일부 단어에서 상대를 높여주는 의미를 지닌 단어가 있다. 특히 2인칭 '你 nǐ'는 일반적으로 모두 써도 되나, 처음 만난 상대이거나, 어른 등 상대를 높일 필요가 있는 경우에 '您 nín'을 대신해서 쓰기도 한다.

예 您好! Nín hǎo! 안녕하세요!
您贵姓? Nín guì xìng? 성이 무엇입니까?

복수형

한자는 형태의 변화가 없는 글자이므로, 다른 글자를 붙임으로써 그 의미를 표현한다. 복수형을 나타낼 때는, 뒤쪽에 '们 men'을 붙이는데, 이는 '사람을 뜻하는 단어'에만 쓰이는 복수형이다.

我 wǒ	我们 wǒmen
你 nǐ	你们 nǐmen (您们은 쓰지 않는다.)
他 tā	他们 tāmen (남녀가 함께 있을 때도 他们)
她 tā	她们 tāmen
老师 lǎoshī	老师们 lǎoshīmen

5 어법 설명 语法

형용사술어문

중국어의 기본 어순은 '주어 + 술어 + 목적어' 순이다. 이 중 술어는 영어와 다르게 형용사가 그 자체로 술어가 될 수 있다.

예 你好! Nǐ hǎo! 안녕하세요!

吗의문문

의문문의 형태 중 가장 기본적인 표현 방법으로, 문장 끝에 吗 ma를 쓰면 의문문이 된다.

예 你好吗? Nǐ hǎo ma? 잘 지내세요?

의문사 의문문

문장에 '의문사'가 있으면 '吗'를 쓰지 않고 그 자체로 의문문이 된다.

예 你叫什么名字? Nǐ jiào shénme míngzi? 이름이 무엇입니까?

❻ 간체자 쓰기-단어

你 nǐ				
您 nín				
们 men				
好 hǎo				
我 wǒ				
很 hěn				
什么 shénme				
名字 míngzi				
吗 ma				
再见 zàijiàn				

단어를 자유롭게 연습해 보세요.

7 간체자 쓰기-문장

한국어를 중국어와 한어병음으로 쓰시오.

1. 안녕하세요!

2. 성이 무엇입니까?

3. 이름이 무엇입니까?

4. 안녕히 계세요.

8 GCD: Get up! Cheer up! Dream up!

중국어로 인사하고 자신의 이름을 소개하시오.

날짜

几月几号?

Jǐ yuè jǐ hào?

몇 월 며칠입니까?

03

- 몇 월 며칠입니까?
- 날짜

03 几月几号? Jǐ yuè jǐ hào?

몇 월 며칠입니까?

1 새단어 生词

1. 今天	jīntiān	오늘
2. 几	jǐ	몇
3. 月	yuè	월
4. 号	hào	일
5. 星期	xīngqī	요일, 주
6. 这	zhè	이, 이것
7. 个	ge	(양사) ~개
8. 下午	xiàwǔ	오후
9. 是	shì	이다

10. 有	yǒu	있다, 가지다
11. 没有	méiyǒu	없다
12. 事儿	shìr	일
13. 咱们	zánmen	우리(청자 포함)
14. 看	kàn	보다
15. 电影	diànyǐng	영화
16. 不	bù	아니다
17. 见	jiàn	만나다

2 회화 会话

Ⓐ 今天几月几号?

Jīntiān jǐ yuè jǐ hào?

Ⓑ 今天三月二十四号。

Jīntiān sān yuè èr shí sì hào.

Ⓐ 今天星期几?

Jīntiān xīngqī jǐ?

Ⓑ 今天星期四。

Jīntiān xīngqīsì.

Ⓐ 今天不是星期五吗?

Jīntiān bú shì xīngqīwǔ ma?

Ⓑ 今天不是星期五，明天是。

Jīntiān bú shì xīngqīwǔ, míngtiān shì.

A 这个星期天你有事儿吗?

Zhè ge xīngqītiān nǐ yǒu shìr ma?

B 我没有事儿。

Wǒ méiyǒu shìr.

A 星期天咱们看电影，好吗?

Xīngqītiān zánmen kàn diànyǐng, hǎo ma?

B 好，星期天见!

Hǎo, xīngqītiān jiàn!

③ 통역 연습 翻译

Ⓐ 오늘은 몇 월 며칠인가요?

Ⓑ 오늘은 3월 24일이에요.

Ⓐ 오늘 무슨 요일이죠?

Ⓑ 오늘은 목요일이에요.

Ⓐ 오늘 금요일 아니에요?

Ⓑ 오늘 금요일 아니고, 내일이에요.

A 이번 일요일에 일 있어요?

B 전 일 없어요.

A 일요일에 우리 영화 볼래요?

B 좋아요, 일요일에 만나요!

4 중요한 표현 重点句型

숫자

零	一	二	三	四	五	六	七	八	九	十
líng	yī	èr	sān	sì	wǔ	liù	qī	bā	jiǔ	shí
0	1	2	3	4	5	6	7	8	9	10

날

前天	昨天	今天	明天	后天
qiántiān	zuótiān	jīntiān	míngtiān	hòutiān
그저께	어제	오늘	내일	모레
前年	去年	今年	明年	后年
qiánnián	qùnián	jīnnián	míngnián	hòunián
재작년	작년	올해	내년	내후년

요일

星期一	星期二	星期三	星期四
xīngqīyī	xīngqī'èr	xīngqīsān	xīngqīsì
월요일	화요일	수요일	목요일

星期五	星期六	星期天 星期日
xīngqīwǔ	xīngqīliù	xīngqītiān xīngqīrì
금요일	토요일	일요일

5 어법 설명 语法

양사 个

숫자나 지시대명사와 명사 사이에는 명사의 양을 세는 '양사'를 써야하지만, '星期'는 '양사'의 특징을 포함하고 있는 단어이므로, 지시대명사와 명사 사이에 양사 '个'를 생략할 수 있다. 반면, '月'는 양사를 생략할 수 없다.

上(个)星期 shàng (ge) xīngqī 지난 주	上个月 shàng ge yuè 지난 달
这(个)星期 zhè (ge) xīngqī 이번 주	这个月 zhè ge yuè 이번 달
下(个)星期 xià (ge) xīngqī 다음 주	下个月 xià ge yuè 다음 달

没有

'有 yǒu 있다, 가지다'는 부정문을 만들 때 앞에 '没'를 쓴다.

예 我没有事。 Wǒ méiyǒu shì. 저는 일이 없어요.

6 간체자 쓰기-단어

今天 jīntiān				
几 jǐ				
月 yuè				
号 hào				
星期 xīngqī				
这 zhè				
没有 méiyǒu				
咱们 zánmen				
看 kàn				
电影 diànyǐng				

단어를 자유롭게 연습해 보세요.

7 간체자 쓰기-문장

한국어를 중국어와 한어병음으로 쓰시오.

1. 오늘은 몇 월 며칠입니까?

2. 오늘은 무슨 요일입니까?

3. 일요일에 일 있어요?

4. 우리 영화 볼래요?

8 GCD: Get up! Cheer up! Dream up!

다음 질문에 중국어로 답하시오.

1. 今天几月几号? Jīntiān jǐ yuè jǐ hào?

2. 今天星期几? Jīntiān xīngqī jǐ?

3. 星期天你有事吗? Xīngqītiān nǐ yǒu shì ma?

4. 咱们看电影，好吗? Zánmen kàn diànyǐng, hǎo ma?

시간

几点吃饭?

Jǐ diǎn chī fàn?

몇 시에 밥을 먹을까요?

04

- 몇 시에 밥을 먹을까요?
- 시간

04 几点吃饭? Jǐ diǎn chī fàn?

몇 시에 밥을 먹을까요?

1 새단어 生词

1.	现在	xiànzài	지금
2.	点	diǎn	~시
3.	分	fēn	~분
4.	半	bàn	반
5.	两	liǎng	둘
6.	吃	chī	먹다
7.	晚饭	wǎnfàn	저녁밥
8.	怎么样	zěnmeyàng	어때요?
9.	來	lái	오다, 적극적인 어감

10.	去	qù	가다
11.	预订	yùdìng	예약하다
12.	餐厅	cāntīng	식당
13.	打	dǎ	(전화를) 걸다
14.	电话	diànhuà	전화
15.	想	xiǎng	(조동사) ~하고 싶다
16.	位	wèi	(양사) ~분
17.	人	rén	사람
18.	谢谢	xièxie	감사하다

② 회화 会话

Ⓐ 现在几点?

Xiànzài jǐ diǎn?

Ⓑ 两点二十分。

Liǎng diǎn èr shí fēn.

Ⓐ 咱们几点吃晚饭?

Zánmen jǐ diǎn chī wǎnfàn?

Ⓑ 六点半，怎么样?

Liù diǎn bàn, zěnmeyàng?

Ⓐ 好。我来预订餐厅。

Hǎo. Wǒ lái yùdìng cāntīng.

(打电话)

Dǎ diànhuà

A 你好！我想预订晚上六点半。

Nǐ hǎo! Wǒ xiǎng yùdìng wǎnshang liù diǎn bàn.

服务员: 你们几位？

Nǐmen jǐ wèi?

A 我们两个人。

Wǒmen liǎng ge rén.

服务员: 好的。预订好了。谢谢。

Hǎo de. Yùdìng hǎo le. Xièxie.

③ 통역 연습 翻译

Ⓐ 지금 몇 시예요?

Ⓑ 2시 20분이에요.

Ⓐ 우리 몇 시에 저녁밥을 먹을까요?

Ⓑ 6시 반 어때요?

Ⓐ 좋아요. 제가 식당을 예약할게요.

(전화를 걸다)

Ⓐ 안녕하세요! 저녁 6시 반에 예약하고 싶어요.

服务员: 몇 분입니까?

Ⓐ 두 사람입니다.

服务员: 알겠습니다. 예약되었습니다. 감사합니다.

4 중요한 표현 重点句型

시간 표현법

02:00 两点

02:15 两点一刻

02:30 两点半

02:45 两点三刻

11:50 差十分十二点 (12시 10분 전)

早上	上午	中午	下午	晚上
zǎoshang	shàngwǔ	zhōngwǔ	xiàwǔ	wǎnshang
아침	오전	점심, 정오	오후	저녁

감사와 사과

A: 谢谢! Xièxie! 감사합니다!

B: 不客气。Bú kèqi. 천만에요.

A: 对不起! Duì bu qǐ! / 不好意思! Bù hǎo yìsi. 미안합니다.

B: 没关系。Méi guānxi. / 没事。Méi shì. 괜찮습니다.

5 어법 설명 语法

시간부사어

동작을 진행하는 시간 '언제'라는 표현은 서술어 앞에 쓴다.

중국어는 수식어가 피수식어 앞에 쓰이므로, 모든 부사어는 서술어 앞에 위치한다.

예 我星期天没有事儿。 Wǒ xīngqītiān méi yǒu shìr.
저는 일요일에 일이 없어요.

조동사

조동사는 동사 앞에 쓰여서 동사의 의미를 보충해 준다.

예 我想吃饭。 Wǒ xiǎng chī fàn.
나는 밥을 먹고 싶어요.

결과보어

동작이나 상태에 의하여 야기된 결과를 나타낸다.

예 我吃好了。 Wǒ chī hǎo le.
잘 먹었습니다.

6 간체자 쓰기-단어

现在 xiànzài				
点 diǎn				
分 fēn				
吃 chī				
晚饭 wǎnfàn				
怎么样 zěnmeyàng				
去 qù				
预订 yùdìng				
餐厅 cāntīng				
想 xiǎng				

단어를 자유롭게 연습해 보세요.

7 간체자 쓰기-문장

한국어 문장을 중국어와 한어병음으로 쓰세요.

1. 지금 몇 시입니까?

2. 지금은 오후 2시 반입니다.

다음 단어를 올바른 중국어 문장으로 배열하시오.

3. 咱们/晚饭/点/吃/几?

4. 我/餐厅/来/预订。

5. 我/六 /预订/晚上/想/点。

8 GCD: Get up! Cheer up! Dream up!

질문에 중국어로 답하시오.

1. 现在几点? Xiànzài jǐ diǎn?

2. 咱们几点吃午饭? Zánmen jǐ diǎn chī wǔfàn?

3. 你们几位? Nǐmen jǐ wèi?

4. 谢谢! Xièxie!

5. 对不起! Duì bu qǐ!

식사하기

您要点什么菜?

Nín yào diǎn shénme cài?

무슨 요리를 주문하시겠습니까?

05

- 무슨 요리를 주문하시겠습니까?
- 음식(한정식)

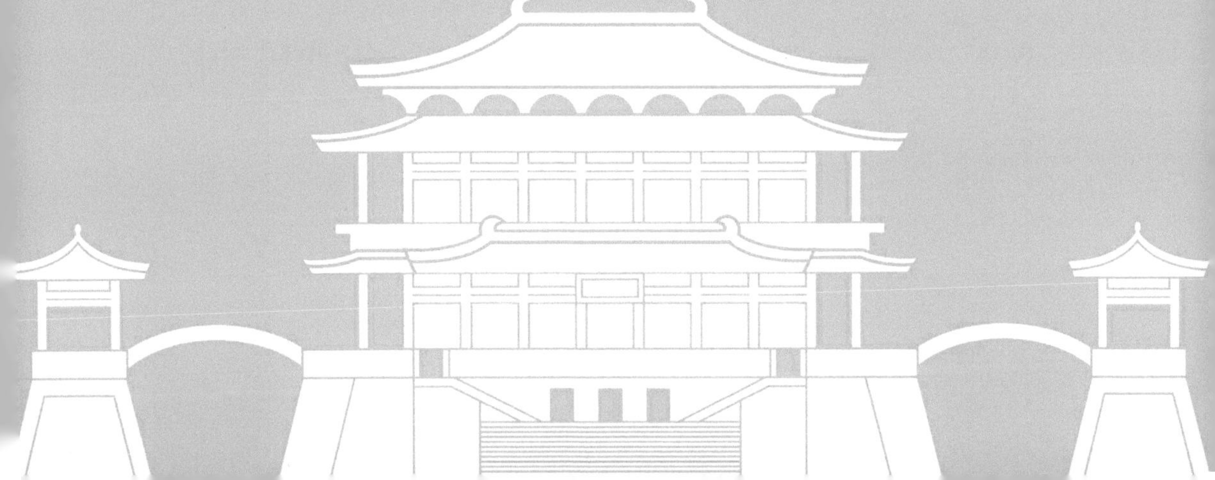

05 您要点什么菜? Nín yào diǎn shénme cài?

무슨 요리를 주문하시겠습니까?

1 새단어 生词

1. 欢迎	huānyíng	환영하다
2. 光临	guānglín	왕림하다, 찾아오다
3. 这边	zhèbian	이쪽
4. 请	qǐng	~하세요(공손하게 청함)
5. 坐	zuò	앉다
6. 菜	cài	요리, 음식
7. 菜单	càidān	메뉴
8. 要	yào	(동사)원하다, (조동사)~하려고 하다
9. 点	diǎn	주문하다

10.	想	xiǎng	~ 하고 싶다
11.	尝	cháng	맛보다
12.	多	duō	많은
13.	韩国菜	Hánguócài	한국 요리
14.	推荐	tuījiàn	추천하다
15.	套餐	tàocān	세트 메뉴
16.	提供	tígōng	제공하다
17.	太~了	tài~le	너무 ~ 하다
18.	来	lái	(음식 주문 시) ~ 주세요
19.	吧	ba	~합시다, ~하세요
20.	稍	shāo	잠시
21.	等	děng	기다리다

② 회화 会话

服务员: **欢迎光临。你们预订了吗?**

Huānyíng guānglín. Nǐmen yùdìng le ma?

客　人: **已经预订好了。我是崔尹瑞。**

Yǐjīng yùdìng hǎo le. Wǒ shì Cuī Yǐnruì.

服务员: **好。这边请。请坐。**

Hǎo. Zhèbian qǐng. Qǐng zuò.

客　人: **谢谢。**

Xièxie.

(看菜单)

(Kàn càidān)

服务员: 你们要点什么菜?

Nǐmen yào diǎn shénme cài?

客　人: 我们想尝尝很多韩国菜。

Wǒmen xiǎng chángchang hěn duō Hánguócài.

请您推荐一下。

Qǐng nín tuījiàn yíxià.

服务员: 你们点套餐，怎么样? 我们提供五个菜。

Nǐmen diǎn tàocān, zěnmeyàng? Wǒmen tígōng wǔ ge cài.

客　人: 太好了。来套餐吧。

Tài hǎo le. Lái tàocān ba.

服务员: 好的。请稍等。

Hǎo de. Qǐng shāo děng.

③ 통역 연습 翻译

服务员: 어서 오세요. 예약하셨습니까?

客　人: 이미 예약했습니다. 저는 최윤서입니다.

服务员: 네. 이쪽으로 오세요. 앉으세요.

客　人: 감사합니다.

(메뉴를 보다)

服务员: 무슨 요리를 시키시겠습니까?

客　人: 우리는 많은 한국 요리를 맛보고 싶어요.

추천 좀 해주세요.

服务员: 세트 요리 어떠세요? 5개 요리가 제공됩니다.

客　人: 너무 좋군요. 세트 메뉴로 주세요.

服务员: 네. 잠시만 기다리세요.

4 중요한 표현 重点句型

식당에서 필요한 도구

小碟	xiǎodié	앞접시
筷子	kuàizi	젓가락
勺子	sháozi	숟가락
餐巾纸	cānjīnzhǐ	냅킨
买单	mǎidān	계산서
结账	jiézhàng	계산하다

한국 음식의 중국어 명칭

泡菜汤	pàocàitāng	김치찌개
大酱汤	dàjiàngtāng	된장찌개
拌饭	bànfàn	비빔밥
鸡啤	jīpí	치맥
烤五花肉	kǎowǔhuāròu	삼겹살구이
炖鸡	dùnjī	찜닭

식당에서 자주 쓰는 양사

个	ge	~개
份	fèn	~인분
碗	wǎn	~그릇
盘	pán	~판
杯	bēi	~잔
瓶	píng	~병
罐	guàn	~캔

5 어법 설명 语法

要 yào

(1) '~하려고 한다.' 의미의 조동사로 서술어 앞에 쓰이며, 서술어의 의지를 강하게 나타낸다.

예 您要吃什么? Nín yào chī shénme?
무엇을 드시겠습니까?
我要喝咖啡。 Wǒ yào hē kāfēi.
전 커피를 마시려고 합니다.

(2) '원하다, 필요하다' 의미의 동사로 쓰일 수 있다.

예 您要什么? Nín yào shénme?
무엇이 필요하십니까?
我要咖啡。 Wǒ yào kāfēi.
커피를 원해요.

동사중첩

동사를 두 번 중복하여 쓰며, 의미는 '좀~하다, 한 번~하다.' 등으로 동사의 의미를 가볍게 한다. 단음절 동사의 중첩 시 가운데 '一'가 들어갈 수 있다. 단음절 동사에서 뒤에 중첩된 동사는 경성으로 읽으며, 가운데 들어간 '一'가 있는 형태에서는 '一'를 경성으로 읽는다. 또한, 이음절 동사중첩에서는 '一'를 넣어 쓰지 않는다.

[형태]

	AA / ABAB	A一A
단음절	看看 kànkan 좀 보다, 한 번 보다	看一看 kàn yi kàn
이음절	休息休息 xiūxi xiūxi 좀 쉬다, 잠깐 쉬다	×

6 간체자 쓰기-단어

欢迎 huānyíng				
光临 guānglín				
这边 zhèbian				
请 qǐng				
坐 zuò				
菜 cài				
要 yào				
推荐 tuījiàn				
套餐 tàocān				
等 děng				

단어를 자유롭게 연습해 보세요.

7 간체자 쓰기-문장

한국어 문장을 중국어와 한어병음으로 쓰세요.

1. 어서오세요.

2. 이쪽으로 오세요.

3. 앉으세요.

4. 많은 한국음식을 맛보고 싶습니다.

5. 잠시만 기다려 주세요.

8 GCD: Get up! Cheer up! Dream up!

질문에 중국어로 답하시오.

1. 您预订了吗?

2. 你们要吃什么菜?

복습 실력다지기

06

• 실력다지기

06 복습 실력다지기

1 复习 fùxí 복습

✔ **한국어를 중국어로 작문하고, 그 대답을 중국어로 쓰시오.**

1. 안녕하세요!

2. 성이 무엇입니까?

3. 이름이 무엇입니까?

4. 오늘은 몇 월 며칠입니까?

5. 오늘은 무슨 요일입니까?

6. 이번 일요일에 일 있어요?

7. 지금 몇 시입니까?

8. 우리 몇 시에 저녁 먹을까요?

9. 몇 분입니까?

10. 예약하셨습니까?

11. 무엇을 주문하시겠습니까?

쇼핑

多少钱?

Duōshao qián?

얼마입니까?

07

- 얼마입니까?
- 화폐

07 多少钱? Duōshao qián?
얼마입니까?

1 새단어 生词

1. 多少	duōshao	얼마나
2. 钱	qián	돈
3. 找	zhǎo	찾다
4. 买	mǎi	사다
5. 红参	hóngshēn	홍삼
6. 盒	hé	(양)~상자
7. 而且	érqiě	게다가
8. 正在	zhèngzài	~하고 있다(진행)
9. 打折	dǎ zhé	할인하다

10.	些	xiē	(양)~들, 个 등 양사의 복수형
11.	都	dōu	모두
12.	受欢迎	shòu huānyíng	인기 있다, 환영을 받다
13.	对	duì	맞다
14.	喜欢	xǐhuan	좋아하다
15.	好喝	hǎohē	맛있다(음료)
16.	那	nà	그러면
17.	还	hái	또, 더
18.	别的	biéde	다른것
19.	慢	màn	느린, 천천히
20.	走	zǒu	가다, 걷다

2 회화 会话

服务员: **您找什么？**

Nín zhǎo shénme?

客人: **我要买红参。**

Wǒ yào mǎi hóngshēn.

服务员: **您要多少?**

Nín yào duōshao?

客人: **我要一盒。一盒多少钱?**

Wǒ yào yì hé. Yì hé duōshao qián?

服务员: **这种二百九十块一盒，而且正在打9折。**

Zhè zhǒng èr bǎi jiǔ shí kuài yì hé, ěrqiě zhèngzài dǎ jiǔ zhé.

客人: **这些都受欢迎吗?**

Zhè xiē dōu shòu huānyíng ma?

服务员: **对，韩国人也很喜欢。很好喝。**

Duì, Hángguórén yě hěn xǐhuan. Hěn hǎohē.

客人: **那我买两盒吧。**

Nà wǒ mǎi liǎng hé ba.

服务员: **还要别的吗?**

Hái yào biéde ma?

客人: **不要了，谢谢。**

Bú yào le, xièxie.

服务员: **慢走。**

Màn zǒu.

③ 통역 연습 翻译

服务员: 무엇을 찾으세요?

客人: 홍삼을 사려고 합니다.

服务员: 얼마나 필요하십니까?

客人: 한 상자를 원합니다. 한 상자에 얼마입니까?

服务员: 이 종류는 한 상자에 290위안입니다. 게다가 10% 할인하고 있어요.

客人: 이것들은 다 인기가 많나요?

服务员: 네. 한국인들도 좋아합니다. 맛있어요.

客人: 그럼 두 상자 살게요.

服务员: 다른 것 또 필요한 것이 있나요?

客人: 아니요. 감사합니다.

服务员: 안녕히 가세요.

4 중요한 표현 重点句型

打折

'할인하다'라는 의미의 단어이다. 우리와 다르게 이 표현에 쓰인 숫자는 할인율을 표현하는 것이 아니라, 10을 기준으로 판매되는 금액의 양을 설명한다는 것에 주의하여야 한다.

예 打9折 : 10% 할인
打8折 : 20% 할인

两

숫자 2를 중국어로 표현하는 방법으로는 '二', '两' 두 가지가 있다. 우리말 '둘'에 해당한다고 볼 수 있으며, 양을 표현할 때 양사 앞에서 숫자 2는 '两'으로 쓴다.

两个	liǎng ge	두 개
两位	liǎng wèi	두 분
两盒	liǎng hé	두 상자

慢走!

직역을 하면, '천천히 가세요.'이지만, 우리말에서 '살펴 가세요' 혹은 '조심히 가세요.' 정도로 이해할 수 있다. 장소가 상점이 아니어도 헤어질 때 할 수 있는 인사로 많이 쓰이는 표현이다. 비슷한 표현으로는 다음과 같은 문장들이 있다.

走好!	Zǒu hǎo!	잘 가세요.
欢迎再来!	Huānyíng zài lái!	또 오세요.

외국인이 한국에서 많이 사는 물건

电饭锅	diànfànguō	전기밥솥
面膜	miànmó	마스크팩
指甲刀	zhǐjiadāo	손톱깎이
海苔	hǎitái	김
速溶咖啡	sùróng kāfēi	믹스커피
袜子	wàzi	양말

5 어법 설명 语法

진행형 正在

진행형을 표현할 때 동사 앞에 正在를 쓴다. 이 외에도 진행을 나타내는 어휘들이 있다. 쓰임이 조금씩 다르나 그 형태는 이 중 하나만 써도 진행을 뜻한다.

正在						
正(상태의 지속)	+	동사	+	着	…	呢
在(동작의 진행)						

중국 화폐

구어체	块 kuài	块/元의 1/10 ➡	毛 máo
문어체	元 yuán		角 jiǎo

서면과 구어에서 쓰는 단어가 위 표처럼 다르다. 또한, 읽을 때 주의해야 할 부분이 있다. 2元은 구어로 两块라고 하며, 9.8元 九块八(毛)로 '.'의 위치에서 단위를 읽어주면 된다. 마지막 단위는 생략 가능하다.

백단위 이상 읽기

100	一百	yì bǎi	숫자 100은 앞에 '一'를 붙인다.
101	一百零一	yì bǎi líng yī	가운데 '0 零 líng'을 읽는다.
110	一百一(十)	yì bǎi yī (shí)	끝이 '0'일 때 마지막 단위를 생략할 수 있다.
200	二百/两百	èr bǎi / liǎng bǎi	'200'에 '2'는 '二','两' 둘 다 쓸 수 있다.
2000	两千	liǎng qiān	천단위 이상에 '2'는 '两'을 쓴다.

6 간체자 쓰기-단어

找 zhǎo				
买 mǎi				
欢迎 huānyíng				
打折 dǎ zhé				
多少 duōshao				
钱 qián				
种 zhǒng				
别的 biéde				
慢 màn				
走 zǒu				

단어를 자유롭게 연습해 보세요.

7 간체자 쓰기-문장

다음 단어를 올바른 중국어 문장으로 배열하시오.

1. 我 / 买 / 红参 / 要。 저는 홍삼을 사려고 합니다.

2. 这 / 打折 / 红参 / 在 / 个。 이 홍삼은 할인 중입니다.

3. 这 / 欢迎 / 些 / 受 / 都 / 吗? 이것들은 모두 인기가 있나요?

8 GCD: Get up! Cheer up! Dream up!

실제 상황을 가정하여 다음 질문에 중국어로 답하시오.

1. 您找什么?

2. 还要别的吗?

3. 多少钱一盒?
   (250元)

주변 안내

首尔路7017在哪儿?

Shǒu'ěrlù qī líng yāo qī zài nǎr?

서울로7017은 어디에 있나요?

08

- 서울로7017은 어디에 있나요?
- 위치, 장소

08 首尔路7017在哪儿?

Shǒu'ěrlù qī líng yāo qī zài nǎr?

서울로7017은 어디에 있나요?

1 새단어 生词

1. 问	wèn	묻다
2. 一下	yíxià	좀, 잠시
3. 首尔路	Shǒu'ěrlù	서울로(고유)
4. 站	zhàn	역, 정거장
5. 在	zài	~에서, ~에 있다
6. 哪儿/哪里	nǎr / nǎli	어디
7. 附近	fùjìn	근처
8. 就	jiù	곧, 바로
9. 那儿/那里	nàr / nàli	거기, 저기

10. 商店　shāngdiàn　상점

11. 咖啡厅　kāfēitīng　카페

12. 还　hái　또, 더

13. 好玩儿　hǎowánr　재미있다

14. 各种　gèzhǒng　각종

15. 展览　zhǎnlǎn　전시

16. 表演　biǎoyǎn　공연

17. 市场　shìchǎng　시장

18. 关门　guān mén　문을 닫다

19. 地方　dìfang　장소

❷ 회화 会话

客　人: **请问一下，首尔路7017在哪儿?**

Qǐng wèn yíxià, Shǒu'ěrlù qī líng yāo qī zài nǎr?

服务员: **首尔站附近就是首尔路7017。**

Shǒu'ěrzhàn fùjìn jiù shì Shǒu'ěrlù qī líng yāo qī.

客　人: **那儿附近有没有商店或者咖啡厅？**

Nàr fùjìn yǒu méiyǒu shāngdiàn huòzhě kāfēitīng?

服务员: **那儿有很多商店和咖啡厅。**

Nàr yǒu hěn duō shāngdiàn hé kāfēitīng.

客　人: **那里还有什么好玩儿的?**

Nàli hái yǒu shénme hǎowánr de?

服务员: **那里有各种展览、表演和市场。**

Nàli yǒu gèzhǒng zhǎnlǎn, biǎoyǎn hé shìchǎng.

客　人: **几点关门?**

Jǐ diǎn guān mén?

服务员: **这个地方不关门。**

Zhè ge dìfang bù guān mén.

客　人: **太好了。谢谢您。**

Tài hǎo le. Xièxiè nín.

③ 통역 연습 翻译

客　人: 말씀 좀 묻겠습니다. 서울로7017이 어디에 있나요?

服务员: 서울역 근처가 바로 서울로7017입니다.

客　人: 거기 근처에 상점이나 카페가 있나요?

服务员: 거기 근처에는 많은 상점과 카페가 있어요.

客　人: 거기는 또 어떤 재미있는 것이 있나요?

服务员: 각종 전시, 공연, 시장이 있습니다.

客　人: 몇 시에 문을 닫습니까?

服务员: 이곳은 문을 닫지 않습니다.

客　人: 정말 좋군요. 감사합니다.

4 중요한 표현 重点句型

지시대명사와 장소대명사

这	zhè	이것		这儿/这里	zhèr/zhèli	여기
那	nà	저것, 그것	➡	那儿/那里	nàr/nàli	저기, 거기
哪	nǎ	어느 것		哪儿/哪里	nǎr/nǎli	어디

好玩儿

동사 앞에 好를 붙여 '~하기 좋다'의 의미를 지닌 형용사가 된다.

好吃	hǎochī	맛있다(음식)
好喝	hǎohē	맛있다(음료)
好听	hǎotīng	듣기 좋다(소리, 음악)
好看	hǎokàn	예쁘다(보기 좋다)
好玩儿	hǎowánr	재밌다(놀기 좋다)

5 어법 설명 语法

在

전치사 '在'는 장소를 뜻하는 단어 앞에서 '~에서', 혹은 '~에 있다'의 의미로 쓰인다. 뒤에 다른 동사가 있을 경우 그 동작을 행하는 장소를 뜻하며, 다른 동사가 없으면 그 자체가 동사가 된다.

예 我[在家]休息。 Wǒ zài jiā xiūxi. 나는 집에서 쉰다.
我在家。 Wǒ zài jiā. 나는 집에 있다.

존현문

어떤 장소에 사물이나 사람 등이 존재하거나 출현 및 사라지는 것을 표현하는 문장이다. 주어 위치에 장소사가 쓰이고, 이때 주어 자리에 쓰인 장소 앞에는 在를 쓰지 않는다.

예 这儿附近有很多商店。
Zhèr fùjìn yǒu hěn duō shāngdiàn.
이 근처에는 많은 상점이 있습니다.

这儿附近有什么好玩儿的?
Zhèr fùjìn yǒu shénme hǎowánr de?
이 근처에 무슨 재미있는 것이 있나요?

6 간체자 쓰기-단어

问 wèn				
在 zài				
附近 fùjìn				
商店 shāngdiàn				
咖啡厅 kāfēitīng				
好玩儿 hǎowánr				
地方 dìfang				
展览 zhǎnlǎn				
表演 biǎoyǎn				
市场 shìchǎng				

단어를 자유롭게 연습해 보세요.

7 간체자 쓰기-문장

다음 문장을 올바른 중국어 문장으로 배열하시오.

1. 哪儿 / 首尔路7017 / 在?

   서울로7017은 어디에 있습니까?

2. 多 / 那儿 / 商店 / 有 / 很 /附近 。

   거기 근처에는 많은 상점이 있습니다.

3. 这/ 关 / 地方 / 不/ 个 / 门。

   이 장소는 문을 닫지 않습니다.

8 GCD: Get up! Cheer up! Dream up!

실제 상황을 가정하여 다음 질문에 중국어로 답하시오.

1. 你家在哪儿? Nǐ jiā zài nǎr?

2. 你家附近有没有咖啡厅? Nǐ jiā fùjìn yǒu méiyǒu kāfēitīng?

3. 你家附近还有什么? Nǐ jiā fùjìn hái yǒu shénme?

교통 이용

您坐地铁去吧。

Nín zuò dìtiě qù ba.

지하철을 타고 가세요.

09

- 지하철을 타고 가세요.
- 교통수단

09 您坐地铁去吧。 Nín zuò dìtiě qù ba.

지하철을 타고 가세요.

1 새단어 生词

1. 需要 xūyào 필요하다
2. 帮忙 bāng máng 돕다, 도움
3. 江南 Jiāngnán 강남(고유)
4. 怎么 zěnme 어떻게
5. 去 qù 가다
6. 地铁站 dìtiězhàn 지하철역
7. 坐 zuò 타다, 앉다
8. 号线 hàoxiàn ~호선
9. 一直 yìzhí 쭉, 계속

10. 走	zǒu	걷다, 가다
11. 到	dào	~까지, 도착하다
12. 十字路口	shízì lùkǒu	사거리
13. 往	wǎng	~(방향)으로
14. 右	yòu	오른쪽
15. 拐	guǎi	회전하다, 돌다
16. 从	cóng	~부터
17. 这儿	zhèr	여기
18. 长	cháng	길다
19. 时间	shíjiān	시간

② 회화 会话

服务员: **您需要帮忙吗?**

Nín xūyào bāng máng ma?

客　人: **请问一下，江南怎么去?**

Qǐng wèn yíxià, Jiāngnán zěnme qù?

服务员: **您要去江南什么地方?**

Nín yào qù Jiāngnán shénme dìfang?

客　人: **我要去江南地铁站。**

Wǒ yào qù Jiāngnán dìtiězhàn.

服务员: **那你坐二号线去吧。**

Nà nǐ zuò èr hàoxiàn qù ba.

一直走，到十字路口往右拐就到了。

Yìzhí zǒu, dào shízì lùkǒu wǎng yòu guǎi jiù dào le.

客　人: **从这儿到江南地铁站要多长时间?**

Cóng zhèr dào Jiāngnán dìtiězhàn yào duō cháng shíjiān?

服务员: **要三十分钟。**

Yào sān shí fēnzhōng.

客　人: **好的，谢谢。**

Hǎo de, xièxie.

③ 통역 연습 翻译

服务员: 무엇을 도와드릴까요?

客　人: 말씀 좀 묻겠습니다. 강남은 어떻게 갑니까?

服务员: 강남 어디를 가실 겁니까?

客　人: 강남역에 가려고 합니다.

服务员: 그럼 2호선을 타고 가세요.

직진해서, 사거리까지 가서 우회전하면 바로 도착합니다.

客　人: 여기에서부터 강남역까지 얼마나 걸리나요?

服务员: 30분 걸립니다.

客　人: 네, 감사합니다.

4 중요한 표현 重点句型

교통수단

公共汽车	gōnggòng qìchē	버스
公交车	gōngjiāochē	버스
巴士	bāshì	버스
出租汽车	chūzū qìchē	택시
的士	díshì	택시
地铁	dìtiě	지하철
火车	huǒchē	기차
飞机	fēijī	비행기
船	chuán	배

从 A 到 B

전치사 从은 '~로부터'의 의미이며, 到는 '~까지'의 의미이다. 이 두 전치사를 함께 써서 'A에서부터 B까지'의 의미로 사용한다. 본문에서처럼 장소뿐 아니라, 시간 등 다양한 부분에서 모두 쓰일 수 있다.

从首尔到北	cóng Shǒu'ěr dào Běijīng 서울에서 베이징까지
从两点到三点	cóng liǎng diǎn dào sān diǎn 두 시부터 세 시까지
从一班到四班	cóng yī bān dào sì bān 1반부터 4반까지

5 어법 설명 语法

연동문

동사가 두 개 이상 연달아 나오는 문장 중 아래와 같은 구성으로 이루어진 문장을 연동문이라 한다.

예 我[去图书馆][学习汉语]。
동사1 동사2(목적)

Wǒ qù túshūguǎn xuéxí Hànyǔ.

나는 중국어를 공부하러 도서관에 간다.

我[坐地铁][去图书馆]。
동사1(방식) 동사2

Wǒ zuò dìtiě qù túshūguǎn.

나는 지하철을 타고 도서관에 간다.

我[坐地铁][去图书馆][学习汉语]。
동사1(방식) 동사2 동사3(목적)

Wǒ zuò dìtiě qù túshūguǎn xuéxí Hànyǔ.

나는 지하철을 타고 중국어를 공부하러 도서관에 간다.

시량보어 多长时间

시간의 길이를 나타내는 시량보어는 서술어 뒤에 쓰이며, '~동안'으로 해석할 수 있다.

예 坐两个小时飞机。
Zuò liǎng ge xiǎoshí fēijī.
비행기를 두 시간 동안 탑니다.

我学了两年汉语。
Wǒ xué le liǎng nián Hànyǔ.
2년 동안 중국어를 배웠습니다.

6 간체자 쓰기-단어

需要 xūyào				
帮忙 bāng máng				
地铁站 dìtiězhàn				
在 zài				
哪儿 nǎr				
去 qù				
坐 zuò				
一直 yìzhí				
往 wǎng				
拐 guǎi				

단어를 자유롭게 연습해 보세요.

❼ 간체자 쓰기-문장

다음 단어를 올바른 중국어 문장으로 배열하시오.

1. 您 / 帮忙 / 吗 / 需要? 무엇을 도와드릴까요?

2. 你 / 地方 / 去 / 要 /什么? 어디에 가시려고 합니까?

3. 您 / 号线 / 去 / 坐 / 二 / 吧。 2호선을 타고 가세요.

8 GCD: Get up! Cheer up! Dream up!

질문에 중국어로 답하시오.

1. 地铁站在哪儿? Dìtiězhàn zài nǎr?

2. 去学校要坐几号线? Qù xuéxiào yào zuò jǐ hàoxiàn?
   (学校 xuéxiào 학교)

3. 从你家到学校要多长时间?
   Cóng nǐ jiā dào xuéxiào yào duō cháng shíjiān?

관광지 소재

去益善洞, 怎么样?

Qù Yìshàndòng, zěnmeyàng?

익선동에 가는 거 어때요?

10

- 익선동에 가는 거 어때요?
- 날씨

10 去益善洞，怎么样?
Qù Yìshàndòng, zěnmeyàng?
익선동에 가는 거 어때요?

1 새단어 生词

1. 听说	tīngshuō	듣건대, ~라고 하더라
2. 最近	zuìjìn	최근
3. 益善洞	Yìshàndòng	익선동
4. 红	hóng	인기 있는
5. 过	guo	~한 적 있다
6. 次	cì	~번
7. 不过	búguò	그러나
8. 还	hái	아직
9. 朋友	péngyou	친구

10. 说　shuō　말하다

11. 对　duì　맞다

12. 啊　a　아!

13. 风景　fēngjǐng　풍경

14. 都　dōu　모두

15. 美丽　měilì　아름답다

16. 天气预报　tiānqì yùbào　일기예보

17. 晴天　qíngtiān　맑은 날

18. 传统　chuántǒng　전통

19. 建筑　jiànzhù　건축

20. 先~，然后~　xiān~, ránhòu~　우선 ~하고, 그 다음에 ~하다

21. 逛　guàng　돌아다니다

22. 吃饭　chī fàn　밥을 먹다

2 회화 会话

丽丽: 听说最近益善洞很红。你去过吗?

Tīngshuō zuìjìn Yìshàndòng hěn hóng. Nǐ qù guo ma?

尹瑞: 我去过一次。不过那天下雨了。

Wǒ qù guo yí cì. Búguò nàtiān xià yǔ le.

你没去过?

Nǐ méi qù guo?

丽丽: 还没有。

Hái méiyǒu.

我朋友说那里有很多好吃的和好看的。

Wǒ pényou shuō nàli yǒu hěn duō hǎochī de hé hǎokàn de.

尹瑞: 对啊。

Duì a.

那儿都是韩国传统建筑，风景非常美丽。

Nàr dōu shì Hánguó chuántǒng jiànzhù , fēngjǐng fēicháng měilì.

丽丽: 听天气预报说今天晴天。

Tīng tiānqì yùbào shuō jīntiān qíngtiān.

尹瑞: 那咱们先去那儿逛逛，然后吃饭吧。

Nà zánmen xiān qù nàr guàngguang, ránhòu chī fàn ba.

丽丽: 好的，走吧。

Hǎo de, zǒu ba.

③ 통역 연습 翻译

丽丽: 요즘 익선동이 인기가 많다던데, 너 가본 적 있어?

尹瑞: 한 번 가봤어. 그런데 그날 비가 왔어.

넌 안 가봤어?

丽丽: 안 가봤어.

내 친구가 거기 맛있는 것과 예쁜 것이 많대.

尹瑞: 맞아.

모두 한국 전통 건축물이어서 풍경이 정말 예뻐.

丽丽: 일기예보에서 오늘 맑다고 했는데, 우리 갈까?

尹瑞: 그럼 우리 우선 거기 가서 좀 돌아다니다가 밥 먹자.

丽丽: 좋아. 가자.

④ 중요한 표현 重点句型

이합사

품사는 하나의 동사이지만, 서술어+목적어의 형태로 구성되어 있으며, 분리되어 쓰일 때도 있다. 또한, 뒤에 다른 목적어를 쓸 수 없다.

예 今天下大雨。
Jīntiān xià dà yǔ.
오늘 비가 많이 내린다.

我跟朋友见面。
Wǒ gēn péngyou jiàn miàn.
나는 친구와 만난다.

先 A，然后 B

'우선 A하고, 그 다음에 B한다.'는 표현으로, 일의 선후 관계를 서술할 때 쓰인다.

예 先吃晚饭，然后看电影吧。
Xiān chī wǎnfàn, ránhòu kàn diànyǐng ba.
우선 저녁을 먹고, 영화를 보자.

我想先回家休息一会儿，然后去做运动。
Wǒ xiǎng xiān huí jiā xiūxi yíhuìr, ránhòu qù zuò yùndòng.
나는 우선 집에 가서 쉬었다가, 그 다음에 운동하러 가고 싶다.

5 어법 설명 语法

경험태 过

경험태 过는 동사 뒤에 쓰여 '~한 적 있다.'는 의미로 동작의 경험을 나타낸다. 이 때 过는 경성으로 읽는다. 부정형은 过를 그대로 두고 동사 앞에 没有를 쓴다.

예 我去过中国。
Wǒ qù guo Zhōngguó.
나는 중국에 가본 적 있다.

[부정] 我<u>没有</u>去过中国。
Wǒ méiyǒu qù guo Zhōngguo.
나는 중국에 가본 적이 없다.

동량보어 一次

서술어 바로 뒤에 쓰여 동작의 횟수를 나타낸다.

예 我去过一次中国。
Wǒ qù guo yí cì Zhōngguó.
나는 중국에 한 번 가본 적 있다.

我每周做三次运动。
Wǒ měizhōu zuò sān cì yùndòng.
나는 매주 세 번 운동을 한다.

6 간체자 쓰기-단어

听说 tīngshuō				
最近 zuìjìn				
红 hóng				
过 guo				
朋友 péngyou				
风景 fēngjǐng				
美 měi				
传统 chuántǒng				
建筑 jiànzhù				
逛 guàng				

단어를 자유롭게 연습해 보세요.

7 간체자 쓰기-문장

다음 단어를 올바른 중국어 문장으로 배열하시오.

1. 益善洞／听说／很／最近／红。

2. 我／次／过／一／去。

3. 那儿／真／风景／美／的。

8 GCD: Get up! Cheer up! Dream up!

질문에 중국어로 답하시오.

1. 你想去哪儿? Nǐ xiǎng qù nǎr?

2. 你去过那儿吗? Nǐ qù guo nàr ma?

3. 那儿有什么好吃的? Nàr yǒu shénme hǎochī de?

4. 咱们什么时候去? Zánmen shénme shíhou qù?

문화 체험

我想穿韩服。

Wǒ xiǎng chuān Hánfú.

나는 한복을 입고 싶어요.

11

- 나는 한복을 입고 싶어요.
- 관광지 소개

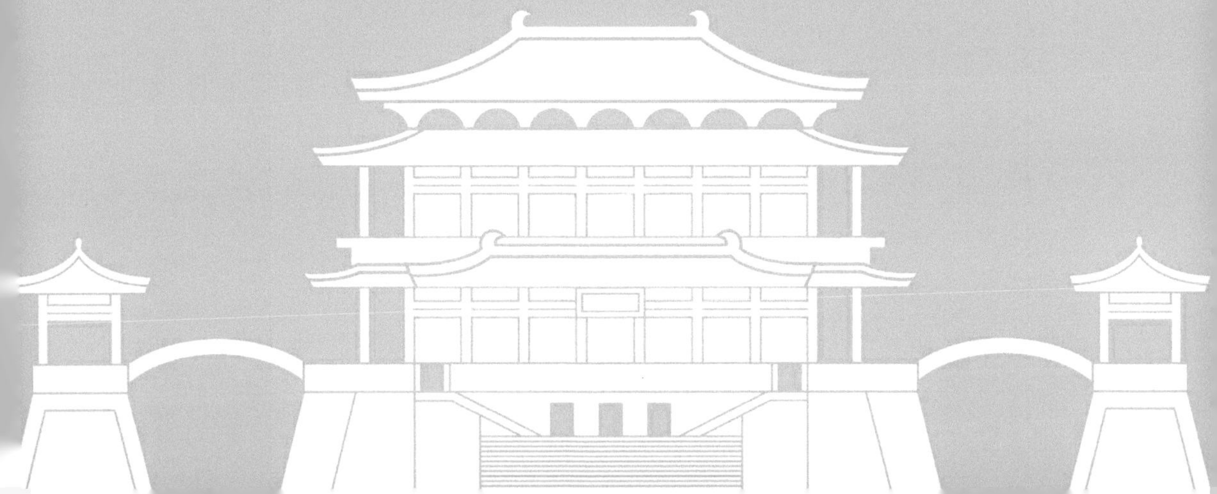

11 我想穿韩服。 Wǒ xiǎng chuān Hánfú.

나는 한복을 입고 싶어요.

1 새단어 生词

1.	景富宫	Jǐngfúgōng	경복궁
2.	门票	ménpiào	입장권, 입장료
3.	用	yòng	~할 필요 있다
4.	买	mǎi	사다
5.	为什么	wèishénme	왜
6.	免费	miǎnfèi	무료로 하다
7.	穿	chuān	입다
8.	韩服	Hánfú	한복
9.	入场	rùchǎng	입장하다

10. 出租 chūzū 대여하다

11. 出租店 chūzūdiàn 대여점

12. 租费 zūfèi 대여비

13. ~个小时 ~ge xiǎoshí ~시간(시간의 길이)

14. 万 wàn ~만(숫자)

15. 韩币 Hánbì 한국돈

16. 不太 bú tài 별로 ~하지 않다

17. 贵 guì 비싸다

18. 拍 pāi 촬영하다

19. 张 zhāng ~장(종이, 침대, 책상 세는 양사)

20. 照片 zhàopiàn 사진

2 회화 会话

丽丽: 你买了景福宫门票吗?

Nǐ mǎi le Jǐngfúgōng ménpiào ma?

尹瑞: 这不用买。

Zhè bú yòng mǎi.

丽丽: 为什么? 是免费的吗?

Wèishénme? Shì miǎnfèi de ma?

尹瑞: 穿韩服的可以免费入场。

Chuān Hánfú de kěyǐ miǎnfèi rùchǎng.

丽丽: 在哪儿出租呢?

Zài nǎr chū zū ne?

尹瑞: 景福宫附近有很多出租店。

Jǐngfúgōng fùjìn yǒu hěn duō chūzūdiàn.

丽丽: 租费多少钱?

Zūfèi duōshao qián?

尹瑞: 四个小时两三万韩币。

Sì ge xiǎoshí liǎng sān wàn Hánbì.

丽丽: 不太贵。咱们穿韩服拍张照片吧。

Bú tài guì. Zánmen chuān Hánfú pāi zhāng zhàopiàn ba.

③ 통역 연습 翻译

丽丽: 너 경복궁 입장권 샀어?

尹瑞: 그건 살 필요 없어.

丽丽: 왜? 무료야?

尹瑞: 한복을 입으면 무료로 입장할 수 있어.

丽丽: 어디서 빌려?

尹瑞: 경복궁 근처에 대여점이 많아.

丽丽: 대여비가 얼마야?

尹瑞: 한 시간에 2~3만원이야.

丽丽: 별로 안 비싸네. 우리 한복 입고 사진 찍자.

4 중요한 표현 重点句型

관광지 관련 단어들

名胜古迹	míngshèng gǔjì	명승고적
景点	jǐngdiǎn	명소, 경치가 좋은 곳
游乐园	yóulèyuán	놀이공원
水上乐园	shuǐshàng lèyuán	워터파크
动物园	dòngwùyuán	동물원
滑雪场	huáxuěchǎng	스키장
娱乐场	yúlèchǎng	카지노

⑤ 어법 설명 语法

了

(1) 완료

동사 뒤에 쓰여 '동작이 완료됨'을 나타낸다.

我吃了好吃的中国菜。

Wǒ chī le hǎochī de Zhōngguócài.

나는 맛있는 중국요리를 먹었다.

* 주의: '了'는 '과거 시제'가 아니다. 형용사서술문에서 了를 사용해서 과거를 표현하지 않으므로, '과거'라는 명칭을 쓰지 않는 것이 '了'가 쓰인 다양한 문장을 더 이해하기 쉬울 것이다.

예 昨天很冷。Zuótiān hěn lěng. 어제는 추웠다.

형용사가 서술어가 되는 문장에서는 문장 내 '昨天' 등 '과거'를 뜻하는 단어를 쓰는 것으로 과거를 표현한다.

(2) 변화

문장 끝에 쓰여 상태가 변화됨을 나타내며, '~해졌다.', '~되었다.'로 해석할 수 있다.

예 外边下雨了。 Wàibian xià yǔ le.
밖에 비가 내려요.(이전에 안 왔던 비가 오게 됨)

(3) 了를 쓰는 표현들

太 ~ 了	tài ~ le	너무 ~ 하다
就要 ~ 了	jiù yào ~ le	곧 ~하려고 하다
快要 ~ 了	kuài yào~ le	곧 ~하려고 하다

6 간체자 쓰기-단어

门票 ménpiào				
为什么 wèishénme				
免费 miǎnfèi				
穿 chuān				
韩服 hánfú				
出租 chūzū				
贵 guì				
拍 pāi				
张 zhāng				
照片 zhàopiàn				

단어를 자유롭게 연습해 보세요.

7 간체자 쓰기-문장

단어를 올바른 중국어 문장으로 배열하시오.

1. 景富宫/你/了/门票/买/吗?

2. 我们/哪儿/出租/在?

3. 咱们/张/韩服/拍/穿/照片/吧。

⑧ GCD: Get up! Cheer up! Dream up!

질문에 중국어로 답하시오.

1. 进入景富宫要买门票吗?(进入 jìnrù 입장하다)
   Jìnrù Jǐngfúgōng yào mǎi ménpiào ma?

2. 在哪儿买门票? Zài nǎr mǎi ménpiào?

3. 他们为什么免费入场呢?
   Tāmen wèishénme miǎnfèi rùchǎng ne?

복습 실력다지기

12

• 실력다지기

12 복습 실력다지기

1 复习 fùxí 복습

한국어를 중국어로 작문하고, 그 대답을 중국어로 쓰시오.

1. 무엇을 찾으십니까?

2. 이것들은 다 인기가 많습니까?

3. 또 다른 것이 필요하십니까?

4. 경복궁은 어디에 있습니까?

5. 거기 근처에는 상점이나 카페가 있습니까?

6. 거기에는 어떤 재미있는 것이 있나요?

7. 몇 시에 문을 닫습니까?

8. 어디에 가시려고 합니까?

9. 여기부터 강남까지 얼마나 걸립니까?

10. 요즘 익선동이 인기가 많다던데, 너 가본 적 있어?

11. 일기예보에서 오늘 맑다고 했는데, 우리 익선동 갈까?

12. 경복궁 입장권 샀어?

13. 어디서 한복을 빌릴 수 있나요?

14. 대여비는 얼마입니까?

저자약력

한국호텔관광교육재단
Korea Hotel & Tourism Education Foundation
한국호텔관광교육재단 교재편찬위원회

■ 이현주

순천향대학교 관광경영학 박사
現) 한국호텔관광전문학교 호텔경영과 교수
중국 Golden Elephant Hotel, CHINA 객실팀
한화투어몰(現 세중투어몰) 중국팀 근무
순천향대학교, 남서울대학교, 한양사이버대학교 등 다수 대학 강의
NCS 학습모듈 호텔숙박분야 개발위원
NCS 학습모듈 이벤트기획 개선사업 검토진
한국관광공사 우수호텔아카데미 책임교수
한국산업인력공단 MICE 청년 맞춤형 훈련사업 책임교수

한국호텔관광전문학교 GCD교육 연구개발센터 연구원

저서 『NCS 기반 호텔실무 중국어회화』 공저

■ 김숙향

중국 상하이 푸단대학교 박사
現) 고려대학교 교양교육원 외래교수
한국호텔관광전문학교 외래교수
가천대학교 동양어문학과 외래교수

한국호텔관광전문학교 GCD교육 연구개발센터 연구원

저서 『NCS 기반 호텔실무 중국어회화』 공저

■ 최윤서

성균관대학교 중국어교육 석사
現) 한국호텔관광전문학교 외래교수
아세아항공전문학교 외래교수
국립국악고등학교 교과전담 강사
삼성디스플레이 중국어 강사
CJ올리브네트웍스 중국어 강사

한국호텔관광전문학교 GCD교육 연구개발센터 연구원

저서 『NCS 기반 호텔실무 중국어회화』 공저

저자와의
합의하에
인지첩부
생략

관광중국어 Ⅰ

2021년 1월 15일 초판 1쇄 인쇄
2021년 1월 20일 초판 1쇄 발행

지은이 이현주 · 김숙향 · 최윤서
펴낸이 진욱상
펴낸곳 (주)백산출판사
교　정 박시내
본문디자인 오행복
표지디자인 오정은

등　록 2017년 5월 29일 제406-2017-000058호
주　소 경기도 파주시 회동길 370(백산빌딩 3층)
전　화 02-914-1621(代)
팩　스 031-955-9911
이메일 edit@ibaeksan.kr
홈페이지 www.ibaeksan.kr

ISBN 979-11-6567-147-1 93720
값 15,000원